Analiza książki

AF131414

Dziennik złodzieja

· · · · · · · · · · · · · · · · ·

JEAN GENET

ANALIZA KSIĄŻKI

Napisany przez Alice Somssich
Przetłumaczony przez Kâmil Kowalski

Dziennik złodzieja

JEAN GENET

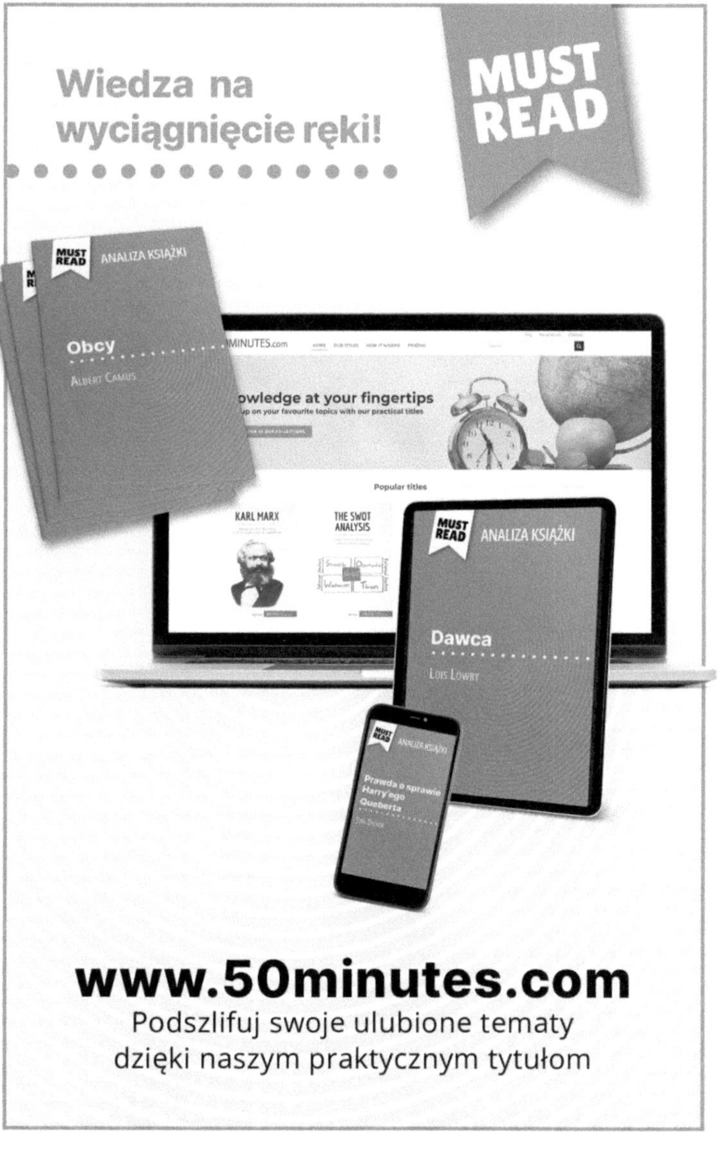
Wiedza na wyciągnięcie ręki!
MUST READ
MUST READ ANALIZA KSIĄŻKI
Obcy
Albert Camus
owledge at your fingertips
Popular titles
KARL MARX
THE SWOT ANALYSIS
MUST READ ANALIZA KSIĄŻKI
Dawca
Lois Lowry
Prawda o sprawie Harry'ego Queberta
www.50minutes.com
Podszlifuj swoje ulubione tematy
dzięki naszym praktycznym tytułom

JEAN GENET

PISARZ, POETA I DRAMATURG

- **Urodził się w Paryżu w 1910 roku.**

- **Zmarł w Paryżu w 1986 roku.**

- **Godne uwagi prace:**

  ○ *Matka Boska Kwietna* (1944), powieść

  ○ *Pokojówki* (1947), sztuka teatralna

  ○ *Dziennik złodzieja* (1949), powieść

Jean Genet urodził się w Paryżu 19 grudnia 1910 roku. Porzucony przez matkę, jako nastolatek zaczął dopuszczać się kradzieży, w tym czasie odkrył też swój homoseksualizm. Trafił do kolonii karnej Mettray, po czym zaciągnął się do Legii Cudzoziemskiej, którą opuścił, by prowadzić życie złodzieja, żebraka i prostytutki. W więzieniu zaczął pisać i w 1942 roku, podczas pobytu w więzieniu we Fresnes, opublikował swój pierwszy wiersz *"Człowiek skazany na śmierć"*. Następnie zaczął pisać powieści autobiograficzne, w tym *Cud róży* i *Dziennik złodzieja*. W latach 60. stał się znany z twórczości teatralnej: jego sztuki *Panny* i *Ekrany* odniosły ogromny sukces. Jego zwolennikami byli Jean Cocteau i Jean-Paul Sartre, a w 1983 roku otrzymał Grand Prix national des Lettres. Zmarł 15 kwietnia 1986 roku w wyniku śmiertelnego upadku.

DZIENNIK ZŁODZIEJA

AUTOBIOGRAFIA PEŁNA PRZEMOCY I NIESZCZĘŚĆ

- **Gatunek:** powieść autobiograficzna

- **Wydanie referencyjne:** Genet, J. (2009) *Dziennik złodzieja*. Trans. Frechtman, B. Londyn: Faber & Faber.

- Pierwsze **wydanie:** 1949

- **Tematyka:** rozpacz, przemoc, więzienie, zbrodnia, samotność, homoseksualizm

Dziennik złodzieja został po raz pierwszy wydany po francusku w 1949 roku. Jest to utwór autobiograficzny, w którym Genet opowiada o latach przemocy i nędzy, jakie przeżył po dezercji z Legii Cudzoziemskiej. *Dziennik*, który zaczął pisać w wieku 35 lat, ma formę serii notatek opisujących bardzo dogłębnie fragmenty pamięci. Wspomnienia Geneta zabierają czytelnika w podróż od barcelońskiej dzielnicy Barrio Chino po mroczne zakamarki jugosłowiańskich więzień, a mgliste powiązania łączą każde wspomnienie z kolejnym. Powieść napisana jest językiem poetyckim, ale ma introspektywny ton i mimo spotkań i romansów, które opisuje, przesycona jest wszechogarniającą samotnością. Genet zapowiedział kontynuację tego pamiętnika, ale drugi tom nigdy nie został wydany.

STRESZCZENIE

PRZEDMOWA

Narrator deklaruje chęć opisania fragmentów swojego życia w opowieści łączącej erotykę, przemoc i życie więzienne. Opowieść ta kształtowana jest przez ludzi, którzy odcisnęli na nim najtrwalsze piętno, a jej podstawą jest notes, który zawsze trzyma przy sobie, zawierający nazwiska wszystkich, których spotkał w ciągu swojego życia.

STILITANO – HISZPANIA

Historia rozpoczyna się w Barcelonie w 1932 roku. Jean urodził się w Paryżu w 1910 roku, został porzucony przez matkę. Był wychowywany przez chłopów w Le Morvan, a ostatecznie trafił do kolonii karnej w Mettray. Jean opisuje kradzieże, których dokonał w wojsku, po tym jak zaciągnął się do Legii Cudzoziemskiej, aby uciec z Mettray. Wkrótce zdezerterował i poznał w Barcelonie żebraka o imieniu Salvador. Zostali kochankami i obaj dołączyli do gangu działającego w dzielnicy Barrio Chino, gdzie kradli, żebrali i prostytuowali się. Pewnego wieczoru, po kradzieży peleryny celnika, Jean spotyka Stilitano, Serba, któremu amputowano prawą rękę i który również zdezerterował z Legii. Jean widział go już raz podczas morderstwa popełnionego przez Pépé, jego cygańskiego przyjaciela. Jean natychmiast się w nim zakochuje.

Jean wpada w sidła Stilitano. Zamieszkują razem w hotelu i zarabiają na życie popełniając włamania, ale Stilitano ma w pogardzie homoseksualistów i odmawia zostania jednym z nich. Jean zaczyna pracować jako jedna z prostytutek Stilitano, ale odmawia cross-dress. Postanawiają wyjechać do Kadyksu, ale Stilitano porzuca Jeana na stacji kolejowej i ten dociera do celu sam.

Pozostawiony sam sobie Jean zostaje włóczęgą i samotnie przemierza całą Andaluzję. Natrafia na artykuł w gazecie opisujący, jak Marc Aubert zdradził francuską armię, i jest zafascynowany. W Gibraltarze wpada na swojego byłego kochanka Salvadora, który mówi mu, że Stilitano poinformował o Pépé, który jest teraz w więzieniu. Jean odzyskuje pieniądze Pépé skradzione z zamiarem udania się do Tangeru, aby zdradzić Francję, ale zostaje zawrócony na granicy. Kiedy dowiaduje się, że Pépé został wysłany do kolonii karnej, wysyła wszystkie swoje pieniądze do Stilitano w więzieniu.

MICHAELIS – CZECHOSŁOWACJA

Jean wykorzystuje dwa odnalezione zdjęcia – jedno zrobione w wieku 17 lat, drugie w wieku 30 lat – do naszkicowania dwóch autoportretów. Wyjeżdża do Włoch, a następnie przenosi się do Europy Wschodniej. W Brnie w Czechosłowacji dołącza do grupy muzyków ulicznych i zakochuje się w Michaelisie Andritchu. Razem przedostają się do Polski, by rozprowadzać fałszywe pieniądze, i zostają aresztowani. Po zwolnieniu chcą wrócić do Czechosłowacji, ale zostają po raz drugi uwięzieni. Podczas pobytu w więzieniu Jean zaczyna pisać, aby uciec od nudy. Jego miłość do Michaelis osłabła i postanawia wrócić do Paryża, by tam żyć jako złodziej.

ARMAND – ANTWERPIA

Jean nie może zostać ekstradowany do Francji i zostaje uwięziony w Jugosławii. Po uwolnieniu udaje się do Austrii, a następnie do Belgii, gdzie w Antwerpii ponownie krzyżuje ścieżki ze Stilitano. Stilitano stał się przemytnikiem, a Jean ponownie zaczyna dla niego pracować. Wkrótce potem wpada w oko brutalnemu mężczyźnie o imieniu Armand, dla którego pracuje jako prostytutka. Podczas gdy Armand wyjeżdża w interesach, Jean zakochuje się w pracowniku wesołego miasteczka o imieniu Robert, ale Robert ma oko na Stilitano. Doprowadzony do szaleństwa z zazdrości, Jean marzy o zabiciu ich obu.

Jean zaczyna uwodzić mężczyzn, a następnie okradać ich w pojedynkę jako sposób na walkę z samotnością. Pewnego dnia Stilitano prosi go, by zdradził Armanda, łącząc z nim siły i kradnąc wszystkie jego pieniądze. Po raz pierwszy Jean czuje iskierkę nadziei, że Stilitano może odwzajemnić jego uczucia. Jednak pragnienie Jeana, aby zapomnieć Stilitano i jego ból prowadzi go do zakochania się w Armand jak tylko wróci. Armand zaczyna stanowić dla niego rodzaj autorytetu moralnego. Jean jest teraz starszy i czuje, że się zmienia, hartuje i staje się mężczyzną. Jednak pewnego dnia Jean postanawia opuścić Belgię i wrócić do Francji, nie mówiąc nikomu.

LUCIEN – FRANCJA

Jean splata historię z nielicznych fragmentów swojego życia we Francji. Zaczyna od opisu, jak podczas pobytu w Marsylii zakochał się w policjancie o imieniu Bernard i nawiązał z nim kilkutygodniowy romans. Przyznaje też, że działał dla niego jako informator. Następnie Jean opisuje, jak poznał Guya w więzieniu Santé, jak Guy ukradł pewnego dnia kwiaty, by móc je złożyć na grobie przyjaciela, oraz Jawa, mężczyznę, którego kochał, a który niedawno go opuścił.

Dalej opowiada o miłości, jaką obecnie czuje do Luciena, dzięki któremu czuje się jak w normalnym świecie, teraz, gdy mieszka w paryskim hotelu, a nie jako żebrak. Opisuje, jak poznali się w Le Suquet i jak czuje do niego rodzaj miłości przeplatanej z nienawiścią. Następnie postanawia wcielić się w Luciena w jednym z własnych wspomnień, sprawiając, że kochanek odgrywa jego rolę w żenującej scenie z czasów pobytu w Barcelonie, gdzie turyści robili zdjęcia żebrakom. Po spojrzeniu wstecz na swój czas w Hiszpanii i lata spędzone jako włóczęga, spogląda jeszcze dalej wstecz, do czasu w Mettray, kiedy zdegradował się przed nauczeniem się miłości i dumy ze swojej seksualności.

Wreszcie wraca do jednej z osób, które wywarły na niego największy wpływ, wspomina jarmark, podczas którego Stilitano znalazł się w kącie sali lustrzanej, sparaliżowany przez własne odbicie i nie mogący znaleźć wyjścia. Na tym ostatnim wspomnieniu kończy się powieść.

STUDIUM POSTACI

JEAN, NARRATOR

Historia zaczyna się w 1932 roku, kiedy Jean ma 22 lata, a kończy w 1940. Te osiem lat miało decydujące znaczenie w życiu Jeana i pokazuje, jak rozwija się jego osobowość, zanim pozna Armanda w Antwerpii.

Samotność i nędza Jeana to pierwsze, czego się o nim dowiadujemy, ale nigdy nie przybiera on tonu użalającego się nad sobą. Opowiada o swoim trudnym dzieciństwie ("Nic nie wiem o mojej matce, która porzuciła mnie w kołysce", s. 17) i opisuje, jak pewnego dnia wydawało mu się, że za matkę rozpoznał starą żebraczkę. Od najmłodszych lat nie ma nikogo poza sobą i przez całe życie szuka wzorca do naśladowania. W końcu znajduje go w Armandzie, który jest odpowiedzialny za rozwój osobisty Jeana, ale to właśnie dzięki przejęciu cech osobowości Stilitano, Jean jest w stanie znaleźć dla siebie miejsce w społeczeństwie.

Jean przedstawia się jako złodziej i nie próbuje ukryć swoich kradzieży, napadów czy dni spędzonych jako prostytutka. W rzeczywistości szczegółowo opisuje niektóre z kradzieży, których dokonał w całej Europie. Jego pisarstwo jest uczciwe i nie wydaje się, by miał chęć ukrycia czegoś przed czytelnikiem, choć jego motywacje są często opisane tak poetycko, że czytelnik nie jest w stanie dostrzec w nim zwykłego przestępcy: "W kierunku tego, co znane jest jako zło, z miłością dążyłem do przygody, która doprowadziła mnie do więzienia" (s. 7).

Narrator wyznaje również swój pociąg do innych mężczyzn, używając języka, który jest czasem niewinny, czasem dosadny, ale zawsze poetycki: zachwyca się pięknem swoich kochanków i nie ukrywa szczegółów swoich seksualnych spotkań z nimi ("Ugryzłam Luciena, aż popłynęła krew. Miałem nadzieję, że sprawię, że zacznie krzyczeć; jego nieczułość mnie podbiła. Ale wiem, że posunąłbym się aż do rozerwania ciała mojego przyjaciela" s. 129).

Może był żebrakiem, wyrzutkiem, złodziejem, a nawet więźniem, ale Jean jest przede wszystkim poetą. Każda historia, którą opowiada, dotyczy intensywnie poetyckiego, estetycznego przeżycia, którego doświadczył: "Nie byłem już u boku Roberta, ani nawet u Stilitano. Przerzucałem się po wszystkich zakątkach świata i rejestrowałem sto szczegółów, które wybuchały w jasne gwiazdy" (s. 124). Opisuje też, jak po raz pierwszy zainteresował się literaturą i pisaniem, gdy ukradł kilka książek, a potem odkrył ich wartość rynkową.

STILITANO, JEDNORĘKI SERB

Jean i Stilitano spotykają się po raz pierwszy w Barcelonie. Miłość Jeana do Stilitano jest głównym wątkiem powieści, a zwroty akcji w ich związku wzbudzają w młodym Jeanie najsilniejsze emocje.

Stilitano to imponujący fizycznie były legionista, który stał się dezerterem, a także były członek Waffen-SS (paramilitarnego skrzydła partii nazistowskiej). Jest tchórzem i zdrajcą, nie ukrywa też swojej pogardy dla homoseksualistów. Mimo to Jean jest w nim beznadziejnie zakochana. Stilitano zarabia na życie jako alfons, a także przemyca opium, kradnie, gdy tylko nadarzy się okazja, jest niepoprawnym hazardzistą, ale mimo to Jean dostrzega w nim pewien rodzaj dobroci. Dziwna scena na samym końcu powieści przedstawia tego potężnego człowieka zdezorientowanego i płaczącego w sali luster na jarmarku, gdy wokół niego rozbrzmiewa śmiech ciekawskich przechodniów. Jego osobowość jest pełna kontrastów, gdyż zarówno kocha, jak i gardzi Jeanem, a jego pewność siebie łączy się z kruchością.

ARMAND, AUTORYTET MORALNY

Spotkanie z Armandem w Antwerpii jest punktem zwrotnym w życiu młodego Jeana. Armand jest starszy od Jeana i utrzymuje się z przemytu opium. Cechą charakterystyczną portretu, jaki maluje o nim narrator, jest jego brutalność: "Twarz Armanda była fałszywa, przebiegła, podła, podstępna, brutalna" (s. 118). Armand bez trudu dominuje nad młodym Jeanem, każąc mu pracować jako prostytutka.

W ich związku kluczowe są dwa momenty: pierwszy to ponura chwila skażona przemocą tuż przed wyjazdem Armanda na wycieczkę; drugi ma miejsce po jego powrocie, kiedy Jean zakochuje się w nim i zaczyna postrzegać go jako "autorytet moralny". Słowa Armanda pozostawiają trwałe wrażenie na młodym narratorze: "Nie zdawałem sobie sprawy, że odpowiedź Armanda spowoduje natychmiast jedną z najśmielszych rewolucji w etyce" (s. 167). Armand mówi, że nie ma złych sposobów na przetrwanie; że nie ma wstydu w żerowaniu na starcach czy słabych, gdy twoim celem jest zarobienie wystarczającej ilości pieniędzy na życie: "Praca jest dobra, kiedy się ją wyciąga. Kiedy wbijesz sobie do głowy, że rycerskość nie jest naszą linią, wiele się nauczysz" (s. 167).

SALVADOR, LUCIEN, GUY I JAVA: MĘŻCZYŹNI W ŻYCIU JEANA

Każdy z tych mężczyzn wydaje się reprezentować jakiś aspekt lub moment życia Jean.

Salvador

Salvador jest kochankiem Jeana, gdy mieszkają w dzielnicy Barrio Chino w Barcelonie. Razem przechodzą przez te same nieszczęścia, kradną i żebrzą. Reprezentuje on życie Jeana w Hiszpanii, które charakteryzowało się żebractwem, nędzą i tchórzostwem.

Lucien

Lucien reprezentuje teraźniejszość narratora – jest kochan- kiem Jeana w momencie pisania dziennika. Jean poznał go w Le Suquet na południu Francji. Lucien jest jedynym łącznikiem narratora ze społeczeństwem. Jean kocha go, ale nie może znieść faktu, że Lucien zmienia go w "normalnego" człowieka, biorąc pod uwagę, że prowadzą razem przyjemne życie, które można by określić mianem klasy średniej.

Guy

Guy jest dla Jeana łącznikiem z życiem w więzieniu, gdzie się poznali. Guy nie jest zdrajcą, a tym bardziej donosicielem, i ma zupełnie inne zdanie o ich "zawodzie" niż Jean: "Wszystko, co Guy widział w życiu złodzieja, to splendor i blask, szkarłat i złoto. Dla mnie jest ono ponure i podziemne. Widzę je jako niebezpieczne i ryzykowne" (s. 203).

Java

Java to ideał mężczyzny Jean. Jawa jest często wspominany, bo stale pojawia się w myślach narratora, ale rzadko pojawia się w rzeczywistości, a czytelnik dowiaduje się, że niedawno opuścił Jeana. Reprezentuje on piękno we wstydzie i upokorzeniu, którego Jean nieustannie poszukuje wszelkimi dostępnymi mu środkami: "nobilitował wstyd" (s. 100).

ANALIZA

OPOWIEŚĆ O DOJRZEWANIU SAMOTNEGO MŁODEGO CZŁOWIEKA.

Genet opowiada o trudach, które przeżył, przedstawiając je jako rodzaj poszukiwania, które podjął w młodości i które ostatecznie doprowadziło go do momentu, w którym zaczął pisać swój dziennik.

Czytelnik nigdy nie jest bardziej świadomy tego, jak ponure były doświadczenia życiowe Geneta, niż wtedy, gdy dzieli się on swoimi wspomnieniami z życia w Hiszpanii. Opisuje wędrówkę przez Andaluzję latem 1934 roku jako samotną, pełną rozpaczy wędrówkę. W momencie pisania książki autor uciekł od tej rozpaczy, ale wydaje się, że ta część jego życia tak mocno się w nim zakorzeniła, że nie jest w stanie od niej uciec: "Mdlący powiew mojej Hiszpanii wznosi się do moich nozdrzy" (s. 143).

W całym dzienniku Genet ostro rozróżnia narratora ("ja") od innych ("ty"). Młody Jean jest całkowicie odizolowany, ponieważ reprezentuje wszystko, czego społeczeństwo nienawidzi. Jego samotność jest tak kompletna, że staje się żywym, niemal namacalnym bytem: "Samotność (której obrazem mógłby być rodzaj mgły lub pary emanującej ze mnie)" (s. 207). Nie czuje się przynależny do żadnej wspólnoty, a nawet odstaje od innych złodziei, gdyż w przeciwieństwie do Guya odrzuca pojęcie kodeksu moralnego. Jean stwierdza, że kategorycznie stroni od każdej grupy, z którą się zetknie: "Wykluczony przez swoje urodzenie i upodobania z porządku społecznego, nie byłem świadomy jego różnorodności. Zastanawiałem się nad jego doskonałą spójnością, która mnie odrzucała" (s. 162).

Jean robi jednak coś więcej, niż tylko zauważa ten schemat i to właśnie przekształca jego dziennik i jego życie ze zwykłej serii niepowodzeń w prawdziwe dzieło sztuki. Narrator postanawia odwrócić swoją izolację, ucząc się kochać wszystko, co czyni go tym, kim jest, i obejmując wszystko, co jest odrzucane przez społeczeństwo: "Opuszczony przez rodzinę, czułem już, że naturalne jest pogłębianie tego stanu przez preferowanie chłopców, a to preferowanie przez kradzież, a kradzież przez przestępstwo lub postawę samozadowolenia w odniesieniu do przestępstwa" (s. 77). W Andaluzji rozwija fascynację Markiem Aubertem i tym, jak zdradził francuską armię, i chce pojechać do Tangeru, by i on mógł zdradzić swój kraj. Darzy wielkim szacunkiem mężczyzn znanych z kolaboracji z nazistami, a napędza go pragnienie zdrady, które kojarzy mu się z erotyką, ale przede wszystkim z wolnością: "im większa będzie moja wina w twoich oczach, im bardziej cała, im bardziej całkowicie przyjęta, tym większa będzie moja wolność. Tym doskonalsza moja samotność i niepowtarzalność" (s. 75).

W związku z tym samotność narratora jest ważnym aspektem książki. W rzeczywistości *Dziennik złodzieja* można interpretować jako opowieść o pojedynczej jednostce, która jest tak świadoma swojej wyjątkowości, że jest gotowa stanąć w jej obronie.

AUTOBIOGRAFIA: AKT PAMIĘCI I NARCYZMU

W tej książce "ja" opowiadające historię jest zarówno autorem, jak i narratorem. Jednak wydaje się, że istnieje wiele wcieleń tego "ja", które pojawiają się i znikają w zależności od zwrotów akcji. W związku z tym, nawet gdy Genet opowiada swoją własną historię, czasami wydaje się, że zatraca się w tożsamości Stilitano ("Wieczorem, ledwie jakiś człowiek odwrócił się, gdy przechodziłem, Stilitano subtelnie wplatał się we mnie", s. 162). Widzi siebie również w innych przedstawianych przez siebie postaciach: Lucien staje się nawet dla niego swego rodzaju sobowtórem, gdy Genet wyobraża sbie na nowo jedno ze swoich wspomnień i zastępuje siebie Lucienem. Ale nawet w tym odgrywaniu ról Jean zawsze opisuje siebie.

Istnieje również podział na "ja", które pisze historię i "ja", które przeżyło opisywane wydarzenia. Starszy Jean patrzy z czułością na młodszego siebie; na przykład, gdy opisuje swoje zdjęcie zrobione w wieku 17 lat, mówi: "Widząc siebie w tym wieku, wyraziłem swoje uczucia prawie na głos: ,Biedny mały kolego, cierpiałeś'. Mówiłem życzliwie o innym Jeanie, który nie był mną" (s. 76). Oprócz zwracania się do siebie per "ja" i "on", używa również "ty", jakby chcąc się pocieszyć i wejść w rolę matki, której nigdy nie miał. Pisząc o swoich doświadczeniach z przeszłości, starszy Jean zdaje się retrospektywnie towarzyszyć swojemu młodszemu ja: "Moja samotność w więzieniu była całkowita. Teraz, kiedy o tym mówię, jest mniejsza" (s. 99).

Genet często wspomina o tym, jak bardzo ma problemy z pamięcią. Niekiedy mówi o swojej pamięci, jakby miała własną wolę, sugerując, że to nie sam pisarz zapomina, ale jego pamięć. W rezultacie nie sięga po dokładne wspomnienia, ale raczej po nawyki i zmysłowe echa swoich doświadczeń, co pozwala mu mimo wszystko rejestrować wspomnienia. Co więcej, brak znaczników czasowych i linearnej linii czasu świadczy o prawdopodobieństwie, że Genet spisywał swoje wspomnienia tak, jak i kiedy do niego wracały. Co więcej, nie zawsze są one wierne rzeczywistym wydarzeniom, które miały miejsce – nota autorska we francuskiej wersji powieści mówi, że kiedy autor ponownie przeczytał to, co napisał, zdał sobie sprawę, że opisał jedną scenę tak, jakby miała ona miejsce w Barcelonie, podczas gdy w rzeczywistości wydarzyła się w Kadyksie. Pojawiają się też sporadycznie wymyślone wspomnienia, jakby jego uczucia stawiały opór faktom: "Wymyślam słowa, których użył, ale nie zapomniałem tonu głosu, który je wypowiedział" (s. 231). W tym momencie rola książki jako dziennika osiąga swój limit, ponieważ to nie faktyczne wydarzenia, ale raczej emocje z nimi związane są sednem książki. To właśnie tutaj poetycki język Geneta zaczyna odgrywać swoją rolę, ponieważ nic innego nie mogłoby oddać sprawiedliwości tym emocjom.

ODKUPIENIE NIESZLACHETNOŚCI: POEZJA AUTOBIOGRAFICZNA, KTÓRA POWIĘKSZA KAŻDĄ WADĘ

Genet pisze stylem bliższym poezji niż konwencjonalnej narracji prozą, używając zdań o tak niezwykłym rytmie i zwrotach, że można odnieść wrażenie, iż zostały napisane wierszem. Genet bawi się słowami i sposobami ich rymowania: "Czy wspomniane słowo *glaïeul* [gladioli] wprowadza do gry słowo *glaviaux* [pltwocina]?" (s. 17). Towarzyszą temu rozważania na temat języka, które sprawiają, że niektóre fragmenty wydają się niemal wykładem o sztuce poetyckiej: "Wiemy, że nasz język nie jest w stanie przywołać nawet bladego odbicia tych minionych obcych państw. Tak samo byłoby z całym tym dziennikiem, gdyby miał być zapisem tego, czym byłem"

(s. 63). *Dziennik złodzieja* przekracza gatunek dziennika osobistego poprzez podobieństwo do liryki, czyli poezji emocjonalnej, której efekt potęguje aktywna autokontemplacja autora: "Nie będę używał słów po to, by lepiej przedstawić jakieś wydarzenie lub jego bohatera, ale po to, by mogły one powiedzieć coś o mnie samym" (s. 13).

Piękno, które celebruje Genet, jest antytezą piękna tradycyjnie opisywanego w liryce, na przykład w utworach Ronsarda (poeta francuski, 1524-1585), które Genet wymienia jako pierwszą poezję, która wywarła na nim emocjonalny wpływ. Zamiast tego Genet celebruje te strony życia, które zwykle są owiane wstydem i hańbą: "Zdrada, kradzież i homoseksualizm to podstawowe tematy tej książki" (s. 139). Jego celem nie jest przedstawienie wypaczonego obrazu rzeczy, które widział, ale raczej dostrzeżenie wewnętrznego piękna w tym, co świat uznał za groteskowe. Używając jedynie swoich słów, Genet odwraca "naturalny" porządek rzeczy, aż do stworzenia czegoś, co nazywa "pieśnią": "Celem tej relacji jest upiększenie moich wcześniejszych przygód, innymi słowy, wydobycie z nich piękna, znalezienie w nich elementu, który dziś wywoła pieśń, jedyny dowód tego piękna" (s. 181).

Wcześniejszym przykładem celebracji piękna, które można odnaleźć w brzydocie, są *Kwiaty zła* (1857) Charlesa Baudelaire'a (poeta francuski, 1821-1867), zbiór wierszy malujący bez upiększeń obraz paryskiego podziemia, w tym prostytutek i kalek, które nazywały je domem. Obaj mężczyźni wykazują wyraźne pragnienie, by wykorzystać swoje pisarstwo do transfiguracji rzeczywistości, zwracając uwagę na jej wady i miażdżący ciężar, by nie dać się zwieść iluzji powierzchownego piękna: "Odrzucając [piękno Andaluzji], odkryłem poezję" (s. 67). Różnica między Genetem a Baudelaire'em polega na tym, że Genet mianował się obrońcą brzydoty, zwracając uwagę nie tylko na samą brzydotę, ale także na ludzi, którzy zostali nazwani brzydkimi i żyją z tą etykietą na co dzień. Poezja *Dziennika złodzieja* przekształca go w odę do wyrzutków, samotnych i gejów, a także w hołd starszego Jeana dla młodszego siebie.

DALSZA REFLEKSJA

KILKA PYTAŃ DO PRZEMYŚLENIA...

- Genet pisze: "Byłem mniej samotny, gdy odkryłem w naturze jedną z moich podstawowych cech: dumę" (s. 68). Wyjaśnij, w jaki sposób natura, podobnie jak akt pisania, łagodzi narcyzm autora, a przede wszystkim jego samotność.

- Porównaj dwa autoportrety Geneta (s. 76-78) i omów sposób, w jaki czytelnik pomaga stworzyć postać.

- Czy Twoim zdaniem *Dziennik złodzieja* wydaje się być konwencjonalnym pamiętnikiem?

- Porównaj wiersz Baudelaire'a "Zwłoki" ze sposobem, w jaki Genet opisuje niektóre ze swoich kochanek. Wyjaśnij, w jaki sposób obaj pisarze używają swoich stylów, aby uczcić pewną formę piękna.

- Sartre (francuski filozof i pisarz, 1905-1980) napisał kiedyś: "Genet widzi siebie wszędzie; najnudniejsze powierzchnie odbijają jego obraz; nawet w innych dostrzega siebie, wydobywając w ten sposób na światło dzienne ich najgłębsze tajemnice." Omów ten cytat.

- Zapytany w 1982 roku w rozmowie z francuskim pisarzem Bertrandem Poirot-Delpech (1929-2006), dlaczego użył tak pięknego języka, by opisać podbrzusze świata, Genet odpowiedział: "To, co miałem do powiedzenia wrogom, musiałem powiedzieć w ich własnym języku, a nie w slangu ulicznym, który byłby dla nich obcy." Omów ten cytat, opierając swoją argumentację na lekturze *Dziennika złodzieja*.

- Jean przyznaje się do postrzegania Armanda jako swoistego "autorytetu moralnego". Czy Twoim zdaniem słowo "moralny" jest w tym kontekście używane w tradycyjnym znaczeniu tego słowa? Co mówi nam to o sposobie myślenia autora?

- Przyjrzyj się jeszcze raz sposobowi używania imion w tej książce. W jaki sposób Jean systematycznie sytuuje się poza społeczeństwem?

- "Tworzenie nie jest nieco frywolną zabawą. Twórca zaangażował się w przerażającą przygodę polegającą na wzięciu na siebie, do samego końca, niebezpieczeństw, na które narażone są jego stworzenia" (s. 185). Czy Waszym zdaniem *Dziennik złodzieja* odpowiada tej definicji tworzenia?

DALSZE CZYTANIE

WYDANIE REFERENCYJNE

Genet, J. (2009) *Dziennik złodzieja*. Trans. Frechtman, B. Londyn: Faber & Faber.

Chcemy usłyszeć od Ciebie, co się dzieje!
Zostaw komentarz na temat swojej internetowej biblioteki
i podziel się swoimi ulubionymi książkami w mediach społecznościowych!

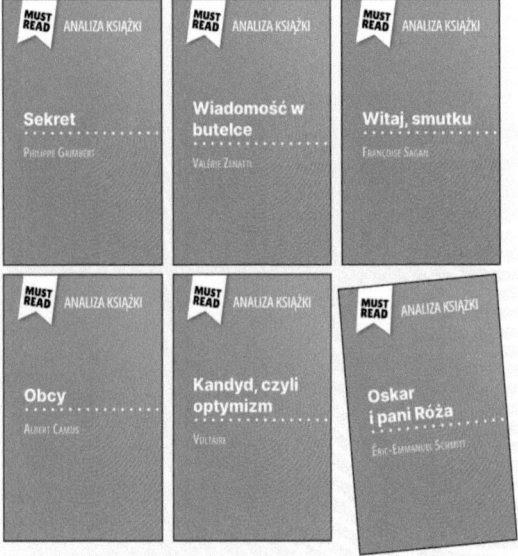

Master ISBN: 9782808695060
Papierowy ISBN: 9782808616461
Depozyt prawny: D/2023/12603/1926

Verhaal: © Primento

Projekt cyfrowy: Primento, cyfrowy partner wydawców.